Siopa

Bethan Clement

Canolfan
Peniarth

Tom

Alys

Kirsty

Alys: Dw i'n gwneud omlet a salad i swper.

Tom: Rhaid siopa.

Rhestr siopa

letys
tomatos
ciwcymbr
pupur
radis
wyau
olew

Dyma'r rhestr.

Mae Tom ac Alys yn cyrraedd yr archfarchnad.

Tom: Ble mae'r letys?

Alys: Dyma'r letys. Beth nesa?
Tom: Tomatos.

Tom: Dyma'r tomatos. Beth nesa?
Alys: Ciwcymbr.

Tom: Dyma'r ciwcymbr. Beth nesa?
Alys: Pupur.

Tom: Dyma'r pupur. Beth nesa?
Alys: Radis.

Tom: Dyma'r radis. Beth nesa?
Alys: Olew.

Tom: Dyma'r olew. Beth nesa?
Alys: Wyau.

Tom: Dyma'r wyau.
Alys: Mae'r salad, yr wyau a'r olew
yn y troli.

Tom: Rhaid talu nesa.
Alys: Ble mae'r til?

Mae Alys a Tom yn rhoi'r bwyd ar y cownter.

Kirsty: Wyth punt saith deg ceiniog plîs.

Alys: Dyma'r arian.
Kirsty: Diolch yn fawr.

Mae Tom yn pacio'r bagiau.